NAME

NOTE

TABLE OF CONTENTS

www.ingramcontent.com/pod-product-compliance
Lightning Source LLC
Chambersburg PA
CBHW081302170526
45165CB00011B/3376
* 9 7 8 1 5 4 8 4 7 9 8 2 4 *